PASCAL JOUSSELIN
UNSCHLAGBAR

3. Der Albtraum der Ganoven

Farben:
Laurence Croix

Für Marie.

Für die Episode *Die andere Dimension*:
Ein großes Dankeschön an Régis.
Ebenso an Mathilde, Anne, Soizic, Renan, Erica, Victor, Olivier, Emmanuel,
an das Team von Quai des Bulles, den Pôle Culturel La Grande Passerelle,
das OPH Émeraude Habitation und an die Stadt Saint-Malo.

CARLSEN COMICS NEWS
Jeden Monat neu per E-Mail!
www.carlsencomics.de
www.carlsen.de

Carlsen-Bücher gibt es überall im Buchhandel
und auf carlsen.de.

Wir behalten uns die Nutzung unserer Inhalte für Text- und
Data-Mining im Sinne von § 44b UrhG ausdrücklich vor.

CARLSEN COMICS
UNSCHLAGBAR-Schuber
3: Der Albtraum der Ganoven
© 2024 Carlsen Verlag GmbH, Völckersstraße 14–20, 22765 Hamburg
Aus dem Französischen von Marcel Le Comte
IMBATTABLE – LE CAUCHEMAR DES MALFRATS
Copyright © DUPUIS, PASCAL JOUSSELIN 2021
www.dupuis.com
All rights reserved
Redaktion: Klaus Schikowski, Sten Fink
Redaktion Schuber: Sten Fink
Gestaltung Schuber: Thomas Gilke
Alle deutschen Rechte vorbehalten
ISBN 978-3-551-80486-0

* siehe Band 2

OPERATION BRUNO

Ein Abenteuer ~~von Unschlagbar~~ von Bruno

RAAAAH! DAS IST JA SUPERSCHWER ABZUKRIEGEN!

He!

ÄH! GUTEN TAG, HERR BÜRGERMEISTER.

OH, GOTTFRIED! BIST DU FÜR DIE FERIEN NACH HAUSE GEKOMMEN? WIE LÄUFT DEIN STUDIUM?

WIE...?! JAJA, MEIN SOHN IST DER BESTE SEINES JAHRGANGS.

SAGEN SIE, BRUNO, IST IHNEN AUFGEFALLEN, DASS EIN UND DASSELBE GRAFFITI ÜBERALL IN DER STADT ZU SEHEN IST?

JA, NATÜRLICH. WIR HABEN IN DEN LETZTEN TAGEN ENORM VIELE BESCHWERDEN AUFGENOMMEN.

JA UND WEITER?! DIESER IRRE SPRAYER MUSS GESTOPPT WERDEN, WORAUF WARTEN SIE? DASS UNSCHLAGBAR EINMAL MEHR FÜR SIE DIE ARBEIT MACHT?!

ERKLÄREN SIE MIR MAL, WOFÜR SIE BEZAHLT WERDEN? UM MIT EINEM BLUMENTOPF SPAZIEREN ZU GEHEN?!

ICH WILL EINE SAUBERE STADT UND ZUFRIEDENE WÄHLER! ALSO WERDEN SIE DIESEN ELENDEN KRIMINELLEN SCHNELLSTENS VERHAFTEN, ODER ES SETZT WAS!

FÜNF JAHRE.

MEINER GELIEBTEN EHEFRAU

AUF DEN TAG GENAU FÜNF JAHRE.

...

EINGEHENDER ANRUF UNSCHLAGBAR

HMM... NEIN, ICH... DIESMAL MUSS ICH GANZ ALLEINE ZURECHTKOMMEN...

ICH HAB ABSOLUT KEINE AHNUNG, WIE ICH DAS SCHAFFEN SOLL, ABER ES MUSS MIR GANZ ALLEINE GELINGEN.

-KLICK-

DANKE, UND EINEN SCHÖNEN FEIERABEND.

AUF WIEDERSEHEN, BRUNO.

Eieiei... Aber wie soll es mir gelingen, diesen Sprayer aufzustöbern? Der kann sonst wo sein...
PSSS
?!
PSSS
PSSS
?
BROLOM BOLOM
He!
PSSS
POLIZEI! BITTE BLEIBEN SIE SOFORT STEHEN!
RAAAH!
Hff... Hff... Mist, er ist zu schnell! Er entkommt mir!
He, he! Bye-bye, Opa!

Gottfried, Bist du dAs?!
WAS HAst du denn mitten in der NACHt drAußen zu suchen?
ICH... ICH Gehe spazieren. Ist dAs jetzt verboten?
Wenn dAs so ist, WARUM Bist du dANN weggelau... ?
Ziiiiip
?!
KALANG
PCHTTT
Alles okay, Gottfried?
Du gehst also mit einer orangefarbenen Spraydose spazieren, welch ein Zufall...
JA, OKAY, SCHON gut, ich bin der SPRAYER!
RAAAAH! DAS ist JA superschwer abzukriegen!
WARUM sprühst du überall »PANdA« hin? Wo ist dA der Sinn?
NA, UM AUFZURÜTTELN! DIE PANDAS SIND AM AUSSTERBEN! WIR MÜSSEN SIE SCHÜTZEN!
Etwa mit Graffiti...?!
Ich weiß gar nicht, warum ich versuche, es Ihnen zu erklären, Sie sind ein Lakai des Systems!
Sie haben nichts mit Pandas am Hut, Ihnen ist doch total Schnuppe, dass es dem Planeten von Tag zu Tag etwas schlechter geht!
Hmm... So, hier ist die Adresse von der Mutter von Tuh... von Fabian. Morgen gehst du sie auf mein Geheiß besuchen, sie engagiert sich sehr im Umweltschutz.
Sie kann dir sagen, was du konkret zum Schutz der Pandas unternehmen kannst...
Und ich behalte dein Betriebsgerät.
Und jetzt schicken Sie mich zu meinem Vater und genießen Ihre Rache, was?
HAU AB.

Panel 1: HAU AB, SAGTE ICH.

Panel 3: DANKE.

Panel 6: ♪♫ (Trombone-Klingelton)

Panel 7: GUTEN ABEND, UNSCHLAGBAR.

AH, BRUNO, ENDLICH BEKOMME ICH SIE ANS TELEFON...

Panel 8: DA HEUTE EIN... HRM... BESONDERES... ÄH... DATUM FÜR SIE IST, HAB ICH MICH GEFRAGT... ÄHEM... OB SIE NICHT LUST AUF EINEN KAMILLENTEE UND BUTTERKEKSE HÄTTEN, SIE SIND HERZLICH WILLKOMMEN.

Panel 9: DANKE, UNSCHLAGBAR. ICH KOMME.

DANN ERZÄHL ICH IHNEN, WIE ICH GERADE EINEN FALL GELÖST HABE...

GANZ ALLEINE.

Panel 10: MAN KÖNNTE GLAUBEN, MIR HÄTTE HEUTE ABEND EIN GLÜCKSSTERN GELEUCHTET...

JOUSSELIN — FARBEN: CROIX

UNSCHLAGBAR

DER EINZIG WAHRE
SUPERHELD DES COMICS

UNSCHLAGBAR GEGEN UNBESIEGBAR

SSLURP
♫ BIDUDELDUUUP ♪ DER NEWS-FLASH.
EIN ERNEUTER RAUB WERTVOLLER BRIEFMARKEN HAT SICH GESTERN ABEND AM STADTRAND VON GROßSTADT EREIGNET.
TROTZ EINES NIE DA GEWESENEN GROßAUFGEBOTS AN POLIZEIKRÄFTEN KONNTE DER EINBRECHER EINMAL MEHR ENTKOMMEN.
WER KANN DIESEN VERWEGENEN KRIMINELLEN AUFHALTEN, DEN MAN BEREITS ALS »UNBESIEGBAR« BETITELT? WER WIRD DIESEN TOLLKÜHNEN DIEB STOPPEN, DER ALLE PHILATELISTEN DES LANDES ERZITTERN LÄSST?
HMPF... FÜR DIE IST DER BANDIT NATÜRLICH ZWANGSLÄUFIG EIN MANN!
EINE FRAU IST LIEB UND SANFT, SIE RIECHT GUT UND KÖNNTE NIEMALS EIN VERWEGENER UND TOLLKÜHNER GANOVE SEIN!
PFFF... DIESE WELT VOLLER IDIOTEN ÖDET MICH AN.
UN-MÖG-LICH!
ES WAR UNMÖGLICH ZU ENTKOMMEN, DAS HERRENHAUS WAR UMSTELLT...
WAS KANN DA NUR PASSIERT SEIN? DER DIEB HAT SICH JA WOHL KAUM TELEPORTIERT!
...
HIMMEL! UND WENN ES GENAU DAS WÄRE...?!
WENN DIESER GANGSTER SUPERKRÄFTE BESÄßE, WÜRDE DAS ALLES ERKLÄREN!
UND IN DEM FALL GIBT ES NUR EINEN AUF DER WELT, DER MIR HELFEN KANN!
UND NUN LIVE DIE ZIEHUNG DER LOTTOZAHLEN...
PFFF... OKAY, WO ICH DAS SCHON HÖRE, KANN ICH EBENSO GUT MEIN BANKKONTO AUFFRISCHEN...
DIE NUMMER 5, DIE 2, DIE 18, DIE NUMMER 15, DIE 23, UND DIE ZUSATZZAHL LAUTET 14.
ALSO, 5... ÄH... 2, 18, 15, 23, 14.
GUT. AUF GEHT'S.
Eine Stunde früher
SSLURP
♫ BIDUDELDUUUP ♪ DER NEWS-FLASH.
EIN ERNEUTER RAUB WERTVOLLER BRIEFMARKEN HAT SICH GESTERN ABEND AM STADTRAND VON GROßSTADT EREIGNET.
EINEN LOTTOSCHEIN FÜR DIE HEUTIGE ZIEHUNG, BITTE.
TROTZ EINES NIE DA GEWESENEN GROßAUFGEBOTS AN POLIZEIKRÄFTEN KONNTE DER EINBRECHER

AH, ICH LIEBE DIESE TAGE, AN DENEN NICHTS PASSIERT.
JA, ICH AUCH.
ROAAAR
CHKRIII
SIEH AN, GUTEN TAG, HAUPTKOMMISSAR STAHL.
HABEN SIE WAS VON DEM BRIEFMARKEN-DIEB GEHÖRT?!
DEM BRIEFMARKEN...?
BITTE?
IN GROßSTADT TREIBT EIN GANOVE SEIN UNWESEN, DER WERTVOLLE BRIEFMARKEN STIEHLT UND NICHT ZU FASSEN IST.
ER VERSCHWINDET VON DEN TATORTEN AUF UNERKLÄRLICHE ART UND WEISE. ICH GLAUBE, ER BESITZT SUPERKRÄFTE...
ENTSCHULDIGEN SIE...
ICH... ICH HAB EINE MENGE BRIEFMARKEN, SIND DIE IN GEFAHR?
ACH? ICH WUSSTE GAR NICHT, DASS SIE BRIEFMARKEN SAMMELN.
NUR MARKEN, AUF DENEN ES UM FLEISCH GEHT. IST EINE FAMILIENSAMMLUNG, DIE MIT DER FLEISCHEREI VOM VATER AN DEN SOHN ÜBERGEHT.
EINE SAMMLUNG? DAS IST JA SUPER!
DANN KÖNNEN WIR IHM EINE FALLE STELLEN!
ALSO... WIR MÜSSTEN... HRM... UND DANN... JA! DAS KÖNNTE KLAPPEN! HA, HA!
NICHT WEGGEHEN! ICH RUFE EINEN BEFREUNDETEN JOURNALISTEN AN!
NA JA. IN GROßSTADT SIND SIE ANGESPANNT.
ÄH... ICH HAB'S NICHT GANZ KAPIERT... SIND MEINE BRIEFMARKEN JETZT IN GEFAHR ODER NICHT?

44

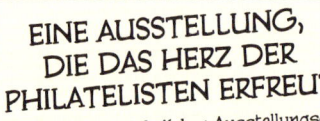

ICH KÜMMERE MICH KURZ UM DIE EINBRECHERIN UND KOMM DANN WIEDER.
TJA, ICH HATTE RECHT, SIE IST HÄSSLICH.
?!
GUTEN ABEND, FRAU DIEBIN.
WER ZU...?! W...WOHER WUSSTEN SIE, DASS...?!
WARUM MACHEN SIE DAS? WIE WÜRDEN SIE ES FINDEN, WENN JEMAND IHRE BRIEFMARKEN KLAUT? ERKLÄREN SIE ES MIR.
DAS KÖNNEN SIE NICHT VERSTEHEN. NIEMAND KANN DAS VERSTEHEN.
PAH, WENN SIE NICHT VERSUCHEN, ES ZU ERKLÄREN, KANN ES BESTIMMT
ICH LANGWEILE MICH! ICH LANGWEILE MICH GANZ SCHRECKLICH! ALSO BESCHÄFTIGE ICH MICH DAMIT, DIE UNGLAUBLICHSTE BRIEFMARKENSAMMLUNG DER WELT ZUSAMMENZUTRAGEN! SO SIEHT'S AUS!
ICH MAG BRIEFMARKEN EINFACH...
PFFF... ABER SELBST DAS IST FURCHTBAR LANGWEILIG GEWORDEN. ALL DIESE EINBRÜCHE SIND EINFACH ZU LEICHT DURCHZUZIEHEN.
»ZU LEICHT...«?
ÄH... ICH HABE SIE DOCH GERADE GESTOPPT.
JEPP, DAS PASSIERT MAL.
Zehn Minuten früher
GUT. JETZT NICHTS WIE WEG, BEVOR DIESER VERKLEIDETE TYP MIR ANS LEDER WILL.
Zurück nach Großstadt
?!
OH, ABER...
HIER, ONKEL, DER SCHWIMMRING, DEN DU HABEN WOLLTEST.
DAS BIN ICH IN DER VERGANGENHEIT, ABER ICH ERINNERE MICH NICHT, DAS ERLEBT ZU HABEN!
HOOO, UNGLAUBLICH! SIE HAT EINE FANTASTISCHE SUPERKRAFT!
HUCH? WILLST DU MEINEN GROßEN SCHWIMMRING NICHT MEHR, ONKEL?
SELTSAM, DABEI WAR ICH MIR SICHER, DASS NIEMAND GESEHEN HAT, WIE ICH IN DIE SCHLACHTEREI EINBRECHE.

OKAY. SIE GEBEN MIR JETZT DIE BRIEFMARKEN ZURÜCK UND DANN REDEN WIR.
AAAH!
W...WIE JETZT?!
GANZ RUHIG! ERST MAL DEN BURSCHEN LOSWERDEN, DANN DENK ICH DRÜBER NACH.
?!
Eine Stunde später, in Kathmandu
?!
JETZT, WO WIR AM ANDEREN ENDE DER WELT SIND...
... KÖNNEN SIE SELBER ZUSEHEN, WIE SIE ZURÜCKKOMMEN. HA, HA, HA!
Eine Stunde später, in Großstadt
ES IST ZIEMLICH SCHÖN HIER, ABER DAS IST NICHT DER RECHTE MOMENT FÜR TOURISMUS.
DAS IST UNBEGREIFLICH! WIE KONNTE ER MEIN VERSTECK NUR AUSFINDIG MACHEN?
WIE AUCH IMMER, JETZT MUSS ICH SCHNELL EINEN NEUEN SCHLUPFWINKEL FINDEN.
ZUM GLÜCK HAB ICH EIN BISSCHEN ZEIT, BEVOR ER ES SCHAFFT, AUS NEPAL ZURÜCKZUKEHREN.
OKAY. JETZT MÜSSEN SIE ABER MIT DEM UNSINN AUFHÖREN, GUTE FRAU.
AAAAH!
WOHER...? H...HABEN SIE ETWA SUPERKRÄFTE?!
JA. WIE SIE... NA JA, NUR ANDERE.
A...ABER...?! HA, HA, HA! DAS IST GROßARTIG! ICH DACHTE, ICH SEI DIE EINZIGE AUF DER WELT MIT EINER SOLCHEN KRAFT!
?

Sie, Sie können mich verstehen! Eine Superkraft zu besitzen ist unglaublich, oder nicht? Man benutzt sie, man benutzt sie und realisiert, dass man alles machen kann!
Man kann hingehen, wohin man will, man kann sich alles nehmen, was man will, alles von neuem beginnen, was einem misslungen ist...
Schluss mit Verzagen und Zaudern, Schluss mit dem Zufall... Man kann alles machen, alles kontrollieren. ABSOLUT ALLES!
Aber wenn alles möglich ist, wird auch alles langweilig. Nichts hat mehr wirklich Sinn.
Und das können die Anderen, mit ihren banalen Leben, einfach nicht verstehen... Also bleibt man allein... ohne jemanden, mit dem man sprechen könnte...
ABER DANK IHNEN WIRD SICH DAS ÄNDERN!
Und, sagen Sie mir, wie beschäftigen Sie sich? Wie gelingt es Ihnen, noch Vergnügen zu finden trotz Ihrer Allmächtigkeit?
Wie? Äh...
Ich kümmere mich um meinen Garten, ich verbringe Zeit mit meinen Freunden... Ich... Also, ich langweile mich nie... Alles läuft bestens...
Hrm... Tut mir leid.
Das ist furchtbar... Wenn selbst er nicht diese Probleme hat, dann bin ich dazu verdammt, bis an mein Lebensende einsam und unverstanden zu bleiben...
Ojemine, sie sieht wirklich nicht aus, als ginge es ihr gut. Wie kann ich ihr helfen?
Ha! Fast hatte ich vergessen, aus welchem Grund dieser Kostümierte da ist... NIEMAND WIRD MICH AUFHALTEN! NIEMALS!
Hmm... Ich könnte versuchen... Ja, das könnte funktionieren! Das wäre die perfekte Freundin.
Ich muss nur im richtigen Moment handeln.
Ähem... Sagen Sie, haben Sie mich schon lange Zeit ausspio... äh, verfolgt?
Nein, keineswegs! Vor zwei Tagen wusste ich noch nicht mal, dass es Sie gibt.
Okay. Perfekt.
Okay. Perfekt.
Jetzt!
Zwei Tage früher
?! HE!
SSLURP
Bidudelduuup ♪ Der News-Flash.
Ein erneuter Raub wertvoller Briefmarken hat sich gestern Abend am Stadtrand von Großstadt ereignet.
Hoffentlich bin ich weit genug in der Zeit zurückgegangen... Hmpf. Aber sollte er mich je wiederfinden, könnte ich immer noch weiterreisen...
Trotz eines nie da gewesenen Großaufgebots an Polizeikräften konnte der Einbrecher einmal mehr
Dieser Blödmann war wie alle Anderen, er hat rein gar nichts verstanden. Pfff... Ich bin's echt leid.
Ich bin die Diebstähle leid, die Briefmarken...
...einfach alles.
?!

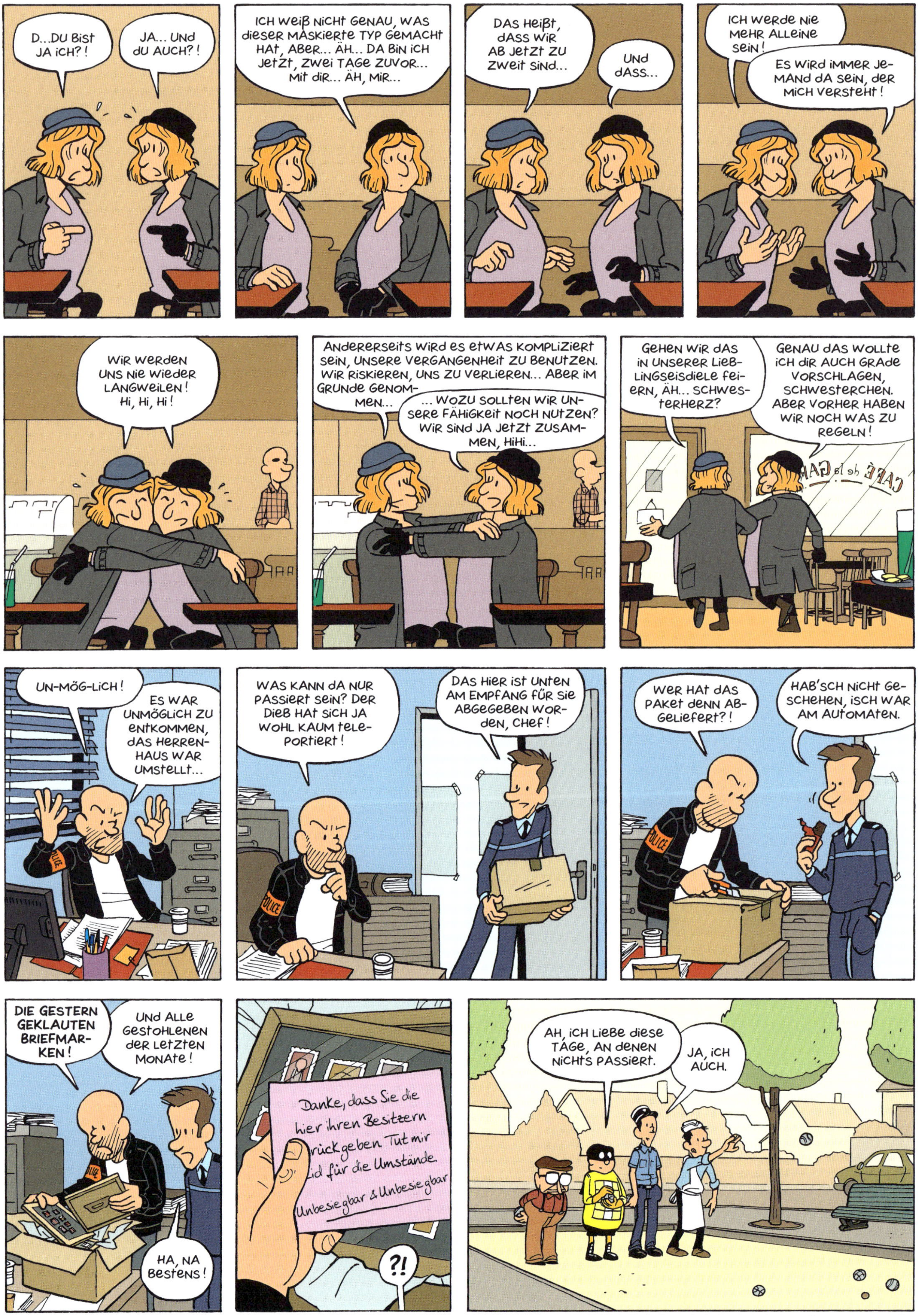

JOUSSELIN —
FARBEN: CROIX.

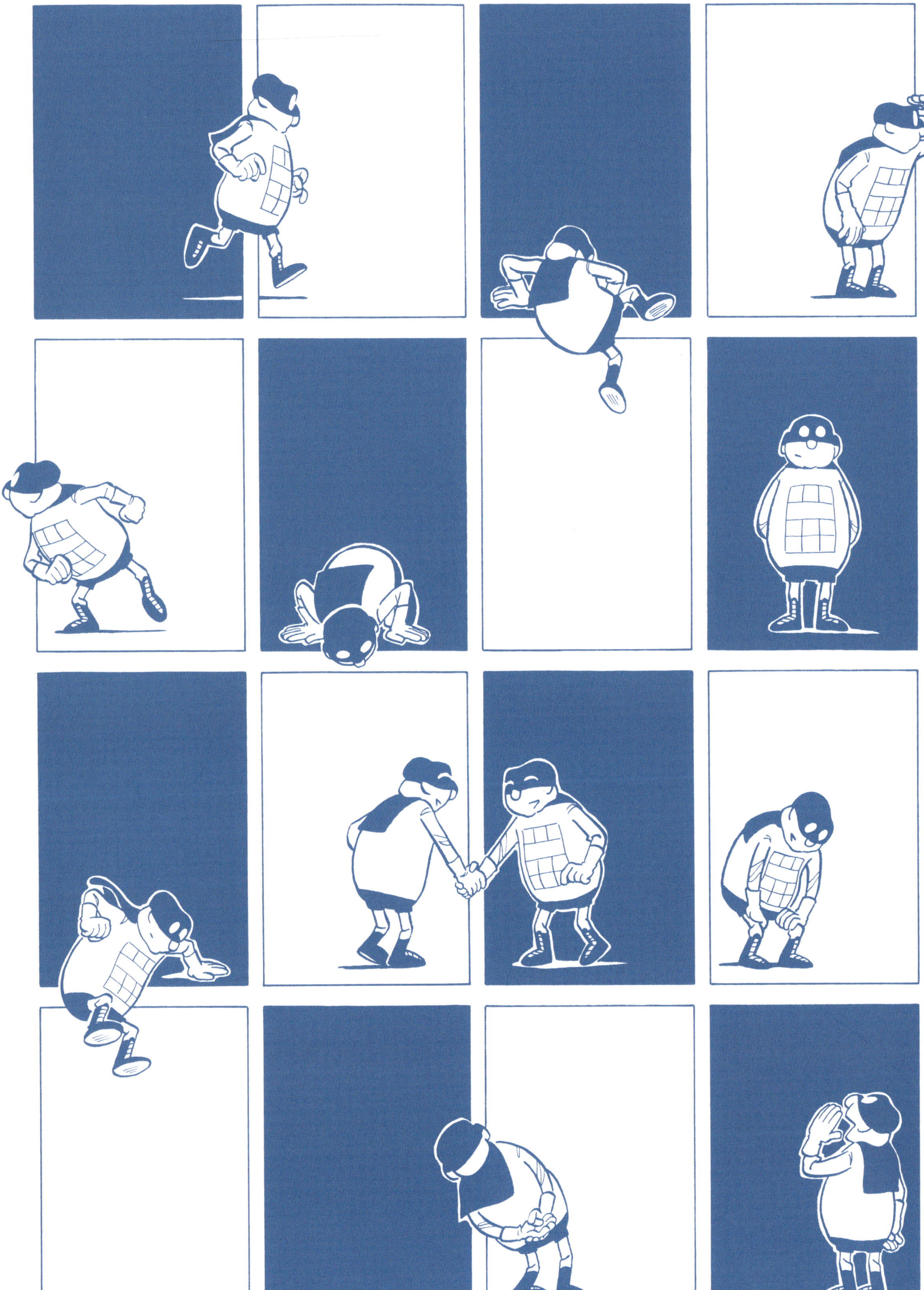